Rwy'n gweld â'm llygad bach i ...

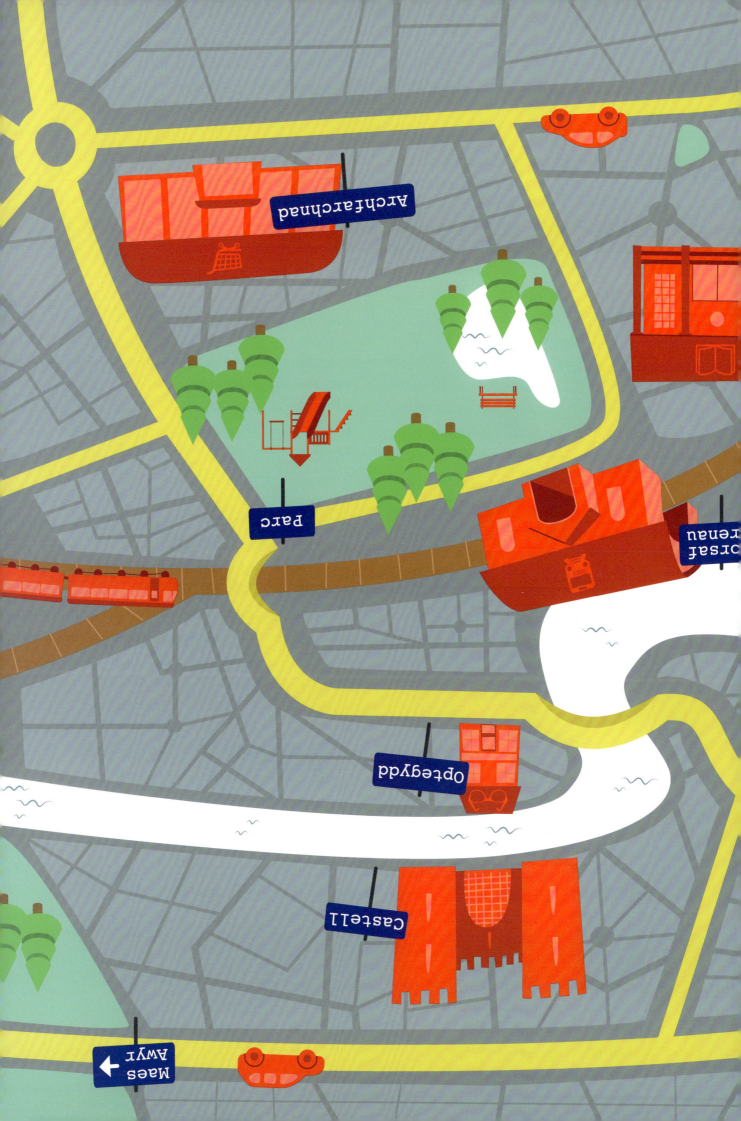

Rwy'n gweld
â'm llygad bach i
rywbeth yn dechrau
gyda 'b', ...

Canllaw gwylio adar Betsan

bronfraith

robin goch

mwyalchen

brân

A wnaethoch chi ddod o hyd i'r fronfraith ar bob tudalen?

titw tomos las

ysguthan

gwennol

dryw

bwncath

barcud coch

Ydych chi wedi gweld un o'r adar hyn yn eich ardal chi?